© 2013 LearnOutLive

3rd edition

All text & illustrations by André Klein,

except cover art: Oberbaumbrücke, 1902 (PD via WikiMedia Commons)

First published on September 10th, 2013 as Kindle Edition

First paperback edition published on September 11th, 2013

ISBN-13: 978-1492399490

ISBN-10: 1492399493

learnoutlive.com

Table of Contents

Introduction

Newly arrived in Berlin, a young man from Sicily is thrown headlong into an unfamiliar urban lifestyle of unkempt bachelor pads, evanescent romances and cosmopolitan encounters of the strangest kind. How does he manage the new language? Will he find work?

Experience daily life in the German capital through the eyes of a newcomer, learn about the country and its people, and improve your German effortlessly along the way!

~

This book is designed to help beginners make the leap from studying isolated words and phrases to reading (and enjoying) naturally flowing German texts.

Using simplified sentence structures and a very basic vocabulary, this collection of short stories is carefully crafted to allow even novice learners to appreciate and understand the intricacies of coherent German speech.

Each chapter comes with a complete German-English dictionary, with a special emphasis on collocative phrases (high frequency word combinations), short sentences and expressions.

By working with these "building blocks" instead of just single words, learners can accelerate their understanding and active usage of new material and make the learning process more fluid and fun.

NEW: *Struggling with pronunciation? Want to test your listening comprehension? Get the Café in Berlin audiobook, narrated by the author.* More information:
learnoutlive.com/berlin-audio

How To Read This Book

Before we start, we should acknowledge that there will be many unknown words in the following stories and that there are, in fact, various ways to deal with this very common problem for language learners of all ages and stages.

1. If you want to get the most out these stories, you'll have to establish some kind of *Lesefluss* (reading flow). You might be reading quickly or slowly, it doesn't matter — as long as you keep on reading and allow context and continuity to clear your questions.

2. Furthermore, important or difficult words (and short phrases) are appended to each chapter with an English translation for quick look-ups.

3. We also recommend using a good German-English online dictionary such as **dict.cc** on your computer or mobile device while reading the following stories.

1. Die Wohngemeinschaft

~

Mein Vater sagt, die Deutschen spielen gut Fußball. Aber mein Vater **spielt nicht Fußball.** Er **schaut** Sport **nur im Fernsehen.** Mein **Onkel** sagt, die Deutschen **trinken viel Bier.** Aber er trinkt **auch** viel Bier. Was ist deutsch und was ist normal? **Ich weiß es nicht.**

Ich bin Dino. **Ich komme aus** Sizilien. **Seit einem Monat** wohne ich in Berlin. **Das Wetter** ist schlecht hier. Es **regnet oft** und es ist **kalt**. **Ich vermisse die Sonne und das Meer.** Aber **es gibt Arbeit** hier, sagen die **Statistiken.** Ich habe **noch keine Arbeit gefunden**, aber ich habe **nicht wirklich gesucht. Zuerst** muss ich Deutsch lernen. Und das ist **gar nicht so einfach.**

Ich wohne in *Kreuzberg*. Das ist ein **Stadtteil** in Berlin. **Hier leben Menschen aus der ganzen Welt.** Ich wohne in einer WG, **kurz für: Wohngemeinschaft. Das bedeutet**, ich wohne **gemeinsam mit anderen Leuten. Wir sind alle Ausländer.** In meiner WG wohnt ein Mexikaner, ein Chinese, ein Amerikaner und ich. Wir **sprechen meistens** Englisch. Das ist **nicht gut**, sagt meine Lehrerin. **Wir müssen** Deutsch sprechen, **den ganzen Tag**, sagt sie.

Meine Lehrerin kommt aus *Potsdam*. **Jeden Tag** gehe ich zum **Deutsch-Unterricht.** Drei Stunden, jeden Tag! Es ist oft **langweilig.** Wir lernen **Gramma-**

tik und **machen Übungen. Am Abend** muss ich **Hausaufgaben machen.** Meine **Mitbewohner** lernen auch Deutsch. Chang, mein chinesischer Mitbewohner, ist **sehr fleißig.** Er macht **immer** die Hausaufgaben. Ted, der Amerikaner, macht **nie** seine Hausaufgaben. Aber er hat ein iPad. Chang macht Teds Hausaufgaben, und Chang **darf** jeden Tag **zwei Stunden** das iPad **benutzen.** Ted sagt, das ist ein guter „Deal".

Ich versuche, meine Hausaufgaben **selbst zu machen.** Aber ich habe **nicht viel Zeit.** Es gibt in Berlin **so viele Partys. Ich denke,** Partys sind **gut zum Deutsch lernen.** Aber ich habe **ein Problem.** Die Deutschen sprechen immer Englisch **mit mir!** Ich spreche **sehr viel** Englisch in Berlin. **Zu viel vielleicht?**

~

mein Vater sagt: my father says, **die Deutschen**: the Germans, **trinken**: drink, **spielen**: play, **gut**: good, **Fußball**: football, **nicht**: not, **er schaut**: he watches, **nur**: only, **im Fernsehen**: on television, **Onkel**: uncle, **viel Bier**: a lot of beer, **auch**: also, **Ich weiß es nicht**: I don't know, **Ich komme aus ...**: I come from ..., **seit einem Monat**: Since one month (ago), **das Wetter**: the weather, **schlecht**: bad, **hier**: here, **Es regnet**: It rains, **oft**: often, **kalt**: cold, **ich vermisse**: I miss, **die Sonne und das Meer**: the sun and the sea, **Es gibt**: there is, **Arbeit**: work, **Statistiken**: statistics, **noch (nicht)**: (not) yet, **keine Arbeit**: no work, **gefunden**: found, **nicht wirklich**: not really, **gesucht**: searched, **zuerst**: at first, **gar nicht so einfach**: not that simple, **Ich wohne in ...**: I live in ..., **Stadtteil**: district, **hier leben**: here live, **Menschen aus der ganzen Welt**: people from all over the world, **kurz für**: short for, **Wohngemeinschaft**: shared apartment, **Das bedeutet**: This means, **gemeinsam mit**: together with, **anderen Leuten**: other people, **wir sind alle**: we're all, **Ausländer**: foreigners, **sprechen**: speak, **meistens**: mostly, **nicht gut**: not good, **meine Lehrerin**: my teacher (female), **wir müssen**: we must, **den ganzen Tag**: the whole day, **jeden Tag**: every day, **Deutsch-Unterricht**: German class, **langweilig**: boring, **Grammatik**: grammar, **machen Übungen**: do exercises, **am Abend**: in the evening, **Hausaufgaben machen**: do homework, **Mitbewohner**: housemate(s), **sehr fleißig**: very diligent, **immer**: always, **nie**: never, **darf benutzen**: may use,

zwei Stunden: two hours, **ich versuche**: I try, **selbst zu machen**: to do on my own, **nicht viel Zeit**: not much time, **so viele**: so many, **Ich denke**: I think, **Partys**: parties, **gut zum Deutsch lernen**: good for learning German, **ein Problem**: a problem, **mit mir**: with me, **sehr viel**: plenty of, **zu viel**: too much, **vielleicht**: maybe

 # Übung

1. Was sagt Dinos Vater?

a) Die Deutschen spielen gut Fußball.

b) Die Deutschen spielen gut Basketball.

c) Die Deutschen spielen gut Baseball.

2. Wie ist das Wetter in Berlin?

a) Es regnet oft und es ist kalt.

b) Es schneit den ganzen Tag.

c) Es scheint immer die Sonne.

3. Wer wohnt in Dinos WG?

a) ein Mexikaner, ein Araber und ein Chinese

b) ein Spanier, ein Mexikaner und ein Amerikaner

c) ein Mexikaner, ein Chinese und ein Amerikaner

4. Warum macht Chang Teds Hausaufgaben?

a) Er macht gerne Hausaufgaben.

b) Er bekommt Geld von Ted.

c) Er darf Teds iPad benutzen.

5. Was ist Dinos Problem?

a) Die Deutschen sprechen Deutsch mit ihm.

b) Die Deutschen sprechen Englisch mit ihm.

c) Die Deutschen sprechen nicht mit ihm.

2. Multikulti

~

Gestern habe ich Pizza **gegessen**. Die **Pizzeria** heißt *„O Sole Mio"*, aber **niemand dort spricht Italienisch**. In der Pizzeria **arbeiten** zwei **palästinensische Brüder**. Ich **habe** eine **Thunfischpizza** gegessen. Der **Preis** war super (**zwei Euro fünfzig**). Die Pizza war **nicht so gut**, aber die Pizzeria ist **nur** wenige Meter von meiner Wohnung entfernt.

In unserer WG **ist es schwierig** mit dem **Essen**. Niemand **kocht**, aber wir haben immer **Berge von Geschirr**. Es ist ein **Mysterium**. Unser **Kühlschrank** ist wie ein **Schwarzes Loch**. **Wenn ich etwas** im Supermarkt **kaufe** und **in den Kühlschrank lege**, ist es **nach zwei Stunden verschwunden**.

Wir haben vier **Fächer** in unserem Kühlschrank. **Ganz oben** ist Gustavos, **darunter** Changs, dann Teds und dann **meins**.

Ted, Chang und Gustavo sagen, sie essen nur **ihre eigenen Sachen. Ich sage das auch.** Aber wenn mein Fach **leer** ist, esse ich **manchmal** einen **Joghurt** oder **Käse** aus Gustavos Fach.

Es ist **einfacher draußen zu essen** — und **billiger**. Es gibt **viele verschiedene** Restaurants. Es gibt **Döner** aus der **Türkei**, **gegrilltes Lamm** aus Pakistan, Berliner **Buletten**, die palästinensische Pizza **von nebenan und vieles mehr**.

Eine Berliner **Spezialität** ist die *Currywurst*. Die

Currywurst hat eine **interessante Geschichte. Im Jahr 1949 hatte eine Berliner Frau** von **britischen Soldaten** *Worcestershiresauce* und **indisches Curry bekommen.** Sie **hat die beiden Zutaten** mit amerikanischem Ketchup **vermischt** und auf eine **deutsche Wurst** gegeben. **Man sagt,** die Currywurst ist **typisch deutsch.** Ist **multikulti** typisch deutsch?

Einmal war ich **nach einer Party um zwei Uhr morgens Döner** essen — mit Jamaal, einem **syrisch**en **Freund.** Wir haben zwei Döner **bestellt.** Der **Dönermann sagte** zu Jamaal **etwas auf Arabisch.** Wir haben unseren Döner **auf einer Parkbank** gegessen. **Danach fragte** ich Jamaal: „Was **hat** der Dönermann **zu dir gesagt?"**

„Vorsicht, *Habibi*, ist Schweinefleisch drin!",** sagte Jamaal.

~

gestern: yesterday, gegessen: eaten, Pizzeria: pizza place, heißt: is called, niemand: nobody, dort: there, spricht Italienisch: speaks Italian, arbeiten: work, palästinensisch: Palestinian, Brüder: brothers, Thunfischpizza: tuna pizza, Preis: price, zwei Euro fünfzig: two euros and fifty cents, nicht so gut: not so good, nur wenige Meter: just a few meters, von meiner Wohnung entfernt: away from my apartment, es ist schwierig: it's difficult, Essen: food, kocht: cooks, Berge von Geschirr: mountains of dishes, Mysterium: mystery, Kühlschrank: refrigerator, Schwarzes Loch: black hole, wenn ich etwas kaufe: when I buy something, in den Kühlschrank legen: to put in the refrigerator, nach zwei Stunden: after two hours, verschwunden: disappeared, Fächer: compartments, ganz oben: at the very top, darunter: below, meins: mine, ihre eigenen Sachen: their own things, Ich sage das auch: I also say that, leer: empty, manchmal: sometimes, Joghurt: yoghurt, Käse: cheese, es ist einfacher: it's easier, draußen zu essen: to eat out(side), billiger: cheaper, viele verschiedene: many different, Döner: doner kebab, Türkei: Turkey, gegrilltes Lamm: grilled lamb, Buletten: burgers, von nebenan: from next door, und vieles mehr: and much more, Spezialität: specialty, Currywurst: curry sausage, eine interessante Geschichte: an interesting story, Im Jahr 1949: in (the year) 1949, eine Berliner Frau: a Berlin woman, hatte bekommen: had gotten, britische Soldaten: British soldiers, Worcestershiresauce: Worcestershire sauce,

indisches Curry: Indian curry, **hat vermischt**: has mixed, **die beiden**: both, **Zutaten**: ingredients, **deutsche Wurst**: German sausage, **man sagt**: they say, **typisch deutsch**: typically German, **multikulti**: multicultural mix, **einmal**: once, **nach einer Party**: after a party, **um zwei Uhr morgens**: at two in the morning, **Döner**: kebap, **syrisch**: Syrian, **Freund**: friend, **bestellt**: ordered, **Dönermann**: kebab man, **sagte**: said, **etwas auf Arabisch**: something in Arabic, **auf einer Parkbank**: on a park bench, **danach**: afterwards, **fragte**: asked, **Was hat er zu dir gesagt?**: What did he say to you?, **Vorsicht**: Watch out, **Habibi**: "my friend" [Arabic], **ist drin**: is inside, **Schweinefleisch**: pork

 **Übung**

1. Wer arbeitet in der Pizzeria?

a) zwei italienische Brüder

b) zwei palästinensische Schwestern

c) zwei palästinensische Brüder

2. Ist die Pizzeria weit von Dinos Wohnung entfernt?

a) Ja, sie ist sehr weit entfernt.

b) Nein, sie ist nur wenige Meter entfernt.

3. Was sagt Dino über die Pizza?

a) Der Preis ist gut, aber die Pizza nicht.

b) Die Pizza ist gut und der Preis auch.

c) Die Pizza ist gut, aber der Preis nicht.

4. Warum ist der Kühlschrank wie ein Schwarzes Loch?

a) Er ist sehr schmutzig.

b) Dinge verschwinden.

c) Er hat eine dunkle Farbe.

5. Was sind die Zutaten für eine Berliner Currywurst?

a) Curry, Worcestershiresauce, Ketchup, Wurst

b) Joghurt, Worcestershiresauce, Ketchup, Wurst

c) Curry, Worcestershiresauce, Käse, Wurst

6. Warum warnt der Dönermann Jamaal?

a) Es ist Curry im Döner.

b) Das Fleisch ist alt.

c) Es ist Schweinefleisch im Döner.

3. Ingrid

~

In meinem Deutschkurs sitzen Menschen aus der ganzen Welt. **Ein paar** haben einen deutschen **Freund** oder eine deutsche **Freundin**. **Andere wollen** in Deutschland arbeiten. Aber wir haben alle **das gleiche Problem**: die deutsche **Sprache**.

Der Kurs ist sehr langweilig. Wir arbeiten **mit ei-**

nem Buch, **Seite für Seite**, und machen **alle Übungen**. Von einer CD **hören** wir **kurze Gespräche**. Die **Lehrerin** ist eine **Schlaftablette**. **Das Beste an** meinem Deutschkurs sind die **Pausen**. Dann **können** wir **Kaffee trinken** und mit den anderen Studenten **reden**.

Wir haben **seit ein paar Tagen** eine **neue Studentin aus Schweden**. Sie ist sehr **hübsch**. Sie hat **blonde Haare, blaue Augen** und ein **süßes Lächeln**. Sie heißt Ingrid. Ihr Deutsch ist sehr gut. Ich weiß nicht, **warum** sie in unserem Kurs ist. Aber **es ist gut, dass** sie hier ist.

Unsere **Sprachlernschule** hat eine kleine **Küche** mit einem **Wasserkocher**. Es ist eine sehr kleine Küche, nur einen **Quadratmeter** groß. In der Pause habe ich dort mit Ingrid einen Kaffee getrunken.

„**Und du? Was machst du** in Berlin?", fragte ich.

Ingrid **lächelte** und sagte: „Ich will in Berlin **Film studieren**."

„Ah, **du willst eine Schauspielerin werden**, so wie Angelina Jolie!", sagte ich.

Ingrid **schüttelte ihren Kopf**. „Nein", sagte sie. „Ich will nicht *vor* **die Kamera**, sondern *hinter* **die Kamera**."

„Ach so", sagte ich. „Du willst ... **Dirigent** sein!"

Ingrid **lachte** und sagte. „Ja, aber auf Deutsch sagt man **Regisseur**. Ein Dirigent ist eine Person, die ein **Orchester leitet**."

„Ah ... ja, **das wusste ich** ...", sagte ich.

„**Welche Filme schaust du gerne?**", fragte Ingrid.

„**Ich mag** Sylvester Stallone und Bruce Willis", sagte ich.

„Ah", sagte Ingrid.

„Hast du den Film gesehen, wo Stallone in Japan ist?", fragte ich. „Es gibt eine **Szene**, wo er **gegen** einen Ninja **kämpft** ..." Ich machte **eine Bewegung mit der Hand**. Aber ich **hatte** die **Kaffeetasse vergessen**. Der Kaffee **flog durch die Luft** und **landete auf den Wänden, auf dem Fußboden** und auf Ingrids **weißem T-Shirt**.

„**Mann!**", rief Ingrid. „**Ich wollte** nach dem Unterricht **ins Kino gehen**. Jetzt muss ich erst **zurück nach Hause fahren.**"

„**Keine Sorge**", sagte ich. „Ich habe eine gute deutsche **Waschmaschine**. Die macht **alles sauber!**"

„Wo wohnst du?", fragte Ingrid.

„**Um die Ecke**", sagte ich.

„Okay, lass uns gehen", sagte Ingrid.

„Und der **Unterricht**?", fragte ich.

„**Oh Gott**, es ist so langweilig", sagte Ingrid und lächelte.

„**Nichts wie raus hier!**"

~

in meinem Deutschkurs: in my German class, sitzen: sit, ein paar: a few, Freund/Freundin: boyfriend/girlfriend, andere: others, wollen: want, das gleiche Problem: the same problem, Sprache: language, mit einem Buch: with a book, Seite für Seite: page by page, alle Übungen: all exercises, hören: listen, kurze Gespräche: short conversations, Lehrerin: teacher (female), Schlaftablette: stick in the mud , das Beste an …: the best (thing) about …, Pausen: intermissions, wir können: we can, Kaffee trinken: drink coffee, reden: talk, seit ein paar Tagen: since a few days ago, neue Studentin: new student (female), aus Schweden: from Sweden, hübsch: pretty, blonde Haare: blond hair, blaue Augen: blue eyes, süßes Lächeln: sweet smile, warum: why, Es ist gut, dass …: It's good that …, Sprachlernschule: language learning school, Küche: kitchen, Wasserkocher: water boiler, Quadratmeter: square meters, getrunken: drunk, Und du?: What about you?, Was machst du?: What do you do?, lächelte: smiled, Film studieren: study film, du willst (eine) … werden: you want to become a …, eine Schauspielerin: an actress, schüttelte ihren Kopf: shook her head, vor: in front of, hinter: behind, Kamera: camera, Dirigent: conductor, lachte: laughed, Regisseur: director, Orchester: orchestra, leitet: leads, das wusste ich: I knew that, Welche Filme schaust du gerne?: Which movies do you like to watch?, Ich mag: I like, gegen: against, Szene: scene, kämpft: fights, eine Bewegung mit der Hand: a movement of the hand, Kaffeetasse: coffee cup,   hatte vergessen: had forgotten, **flog durch die Luft**: flew through the air, **landete**: landed, **auf den Wänden**: on the walls, **auf dem Fußboden**: on the floor, **weißem T-Shirt**: white T-shirt, **Mann!**: Dude!, **ich wollte**: I wanted (to), **ins Kino gehen**: go to the cinema, **zurück nach Hause**: back home, **fahren**: drive/go, **keine Sorge**: no worries, **Waschmaschine**: washing machine, **alles sauber**: everything clean, **um die Ecke**: around the corner, **Unterricht**: class, **Oh Gott!**: Good God!, **Nichts wie raus hier!**: Let's get the hell out of here!

 # Übung

1. Wer sitzt in Dinos Deutschkurs?

a) nur Spanier

b) nur Türken

c) Menschen aus der ganzen Welt

2. Was ist das Beste an dem Deutschkurs?

a) die Pausen

b) die Gespräche von der CD

c) die Übungen im Buch

3. Ingrid hat ...

a) blonde Haare, blaue Augen und rote Lippen.

b) blonde Haare, blaue Augen und ein süßes Lächeln.

c) blonde Haare, grüne Augen und ein süßes Lächeln.

4. Was will Ingrid studieren?

a) Film

b) Philosophie

c) Biologie

5. Was will Ingrid werden?

a) Schauspielerin

b) Dirigentin

c) Regisseurin

6. Warum will Ingrid zurück nach Hause?

a) Ihr T-Shirt ist schmutzig.

b) Sie hat etwas vergessen.

c) Sie ist müde.

4. Die Waschmaschine

~

Ich **öffnete** die **Wohnungstür** und **rief**: „Hallo?
Jemand da?"

Niemand antwortete. Ingrid und ich **betraten**
die Wohnung. Auf dem **Wohnzimmertisch stand
eine Armee von** leeren **Bierflaschen**. Die **Sofas**
waren **bedeckt** mit T-Shirts, **Hosen** und **Jacken**. Auf

dem Fußboden **lagen alte Zeitungen**.

„**Willkommen in meinem Reich**", sagte ich.

Ingrid **nahm** eine Zeitung vom **Boden** und sagte: „Wow, **diese** Zeitung ist **drei Jahre alt!**"

„Ja", sagte ich. „Wir haben ein **kostenloses Abonnement** für die *Berliner Zeitung*. Aber **niemand von uns** hat Zeit, sie zu lesen."

Ich nahm einen Berg **Schmutzwäsche** vom Sofa und sagte: „**Setz dich!**"

„**Mit wie vielen** Leuten wohnst du hier?", fragte Ingrid und **setzte sich**.

„Drei", sagte ich. „Wohnst du auch in einer WG?"

„Nein", sagte Ingrid. „Ich wohne in einer **Einzimmerwohnung**. Aber ich denke, es ist **schön**, mit anderen Menschen zusammenzuwohnen."

„Schön?", sagte ich und setzte mich. „Manchmal. Aber **es kann** auch **nervig sein**. Jeden Morgen, **wenn** mein Mitbewohner Gustavo **aufsteht**, spielt er **laute** *Heavy Metal* **Musik**."

„Oh", sagte Ingrid. „*Metal* **am Morgen**, das ist wie Wodka **zum Frühstück!**"

Ich lachte und sagte: „Ah ja, die Waschmaschine ist in der Küche."

Wir standen auf und **gingen** in die Küche.

„Ignorier das Chaos, bitte!", sagte ich. „Die Waschmaschine ist hier in der Ecke."

Ich **wischte** den **Staub** von der Maschine und sagte: „**Bitteschön!**"

„**Ihr wascht** nicht so oft?", fragte Ingrid.

„Wir haben nicht immer Zeit, aber die Maschine ist perfekt", sagte ich.

„Okay", sagte Ingrid. „Hast du **Waschpulver?**"

„Äh, nein", sagte ich. „Ist **Spüli** okay?"

„**Besser als nichts**", sagte Ingrid.

„**Und jetzt?**", fragte ich.

„**Schließ deine Augen**", sagte Ingrid.

Ich **schloss** meine Augen. **Einen Moment später hörte** ich die Wohnungstür. „Hallo? Jemand da?", rief Ted.

Ich öffnete die Augen. Ingrid stand nur mit **BH bekleidet** in der Küche. Ted lächelte und sagte: „*Mamma mia!*" Dann **ging er** in sein Zimmer und schloss die Tür.

„Sorry", sagte ich. „Ist dein T-Shirt in der **Maschine**?"

Ingrid **nickte** und fragte: „Hast du **etwas** für mich **zum Anziehen**?"

„Moment", sagte ich und ging in mein Zimmer. Ich nahm ein T-Shirt vom Boden auf, **schnüffelte** und **legte** es **schnell wieder zurück**. Auf einem Stuhl fand ich ein relativ **frisches** T-Shirt. Ich ging in die Küche und **gab** Ingrid das T-Shirt.

Ingrid **zog das T-Shirt an**. Es war **lang** und **schwarz**, mit **Bildern** von **Totenköpfen** und einer *Iron Maiden* **Aufschrift**.

„Ist das Gustavos?", fragte Ingrid.

„**Kann sein**", sagte ich. „**Steht dir gut!**"

~

öffnete: opened, **Wohnungstür**: apartment door, **rief**: called, **Jemand da?**: anybody there?, **niemand antwortete**: nobody answered, **betraten**: entered, **Wohnzimmertisch**: coffee table, **stand**: stood, **eine Armee von**: an army of, **Bierflaschen**: beer bottles, **Sofas**: sofas, **bedeckt mit**: covered with, **Hosen**: pants, **Jacken**: jackets, **lagen**: lay, **alte Zeitungen**: old newspapers, **Willkommen**: welcome, **in meinem Reich**: in my realm, **nahm**: took, **Boden**: floor, **diese**: this, **drei Jahre alt**: three years old, **kostenloses Abonnement**: free subscription, **niemand von uns**: none of us, **zu lesen**: to read, **Schmutzwäsche**: dirty laundry, **Setz dich!**: Take a seat!, **mit wie vielen**: with how many, **setzte sich**: took a seat, **Einzimmerwohnung**: one room apartment, **schön**: nice, **es kann … sein**: it can be …, **nervig**: annoying, **wenn (er) aufsteht**: when (he) gets up, **laute Musik**: loud music, **am Morgen**: in the morning, **zum Frühstück**: for breakfast, **standen auf**: got up, **gingen**: went, **wischte**: wiped, **Staub**: dust, **bitteschön**: here you go, **ihr wascht**: you [pl.] wash, **nicht so oft**: not so often, **Waschpulver**: washing powder, **Spüli**: dish soap, **besser als nichts**: better than nothing, **Und jetzt?**: Now what?, **Schließ deine Augen!**: Close your eyes!, **schloss**: closed, **einen Moment später**: one moment later, **hörte**: heard, **BH (Büstenhalter)**: bra, **bekleidet**: dressed, **er ging**: he went, **Maschine**: machine, **nickte**: nodded, **etwas zum Anziehen**: something to wear, **schnüffelte**: sniffed, **ich legte es**: I put it, **schnell**: fast, **wieder zurück**: back again,

frisches: fresh, **gab:** gave, **zog das T-Shirt an:** put on the T-Shirt, **lang:** long, **schwarz:** black, **Bildern:** pictures, **Totenköpfen:** skulls, **Aufschrift:** title, **kann sein:** maybe, **Steht dir gut:** Looks good on you

 **Übung**

1. Was steht auf dem Wohnzimmertisch?

a) eine Armee von leeren Bierflaschen

b) ein Laptop

c) eine Vase

2. Was liegt auf dem Boden?

a) alte Bierflaschen

b) alte Zeitungen

c) alte Jacken

3. Was macht Gustavo jeden Morgen?

a) Er singt laut.

b) Er tanzt laut.

c) Er hört laute Musik.

4. Wozu benutzt man normalerweise Spüli?

a) zum Geschirrspülen

b) zum Duschen

c) für die Waschmaschine

5. Was gibt Dino Ingrid zum Anziehen?

a) ein schwarzes T-Shirt

b) eine alte Jacke

c) ein weißes T-Shirt

5. Masken

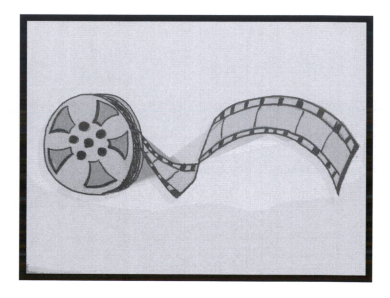

~

Gestern war ich mit Ingrid im Kino. Der Film war **auf Norwegisch**, mit deutschen **Untertiteln**. Ich habe nicht viel **verstanden**. **Der Film handelte von** einem Mann mit einer **Maske**. Er **hat** die Maske **überall getragen**, im **Büro**, im **Supermarkt** und **sogar** im **Bett**. Ingrid hat gesagt, die Maske **symboli-**

siert das Ego **des Mannes**.

Der Film war in **Schwarz-Weiß**. Ich habe Ingrid gefragt, ob die **Farben** im Kino **kaputt** sind. Sie hat **gelacht** und gesagt: „Das ist **Kunst**."

Der Film war **ziemlich** langweilig. Es ist nichts **passiert**. Aber **das war egal**. Ich habe Ingrid **umarmt**. Sie hat **ihren Kopf auf meine Schulter gelegt**.

Der Mann mit der Maske ist am **Ende** des Films in ein **Loch gefallen**. Ingrid hat gesagt, das Loch symbolisiert die **Depression** des Mannes.

Nach dem Film haben wir **zusammen** ein Bier in einer Bar getrunken. Ingrid hat gesagt, dass sie **am nächsten Morgen** nach Hamburg fährt. Sie hat gesagt, **ihre Schwester** wohnt dort. Ich habe sie gefragt, **wie lange** sie in Hamburg **bleibt**. Sie hat gesagt, **sie weiß es nicht**.

„Hast du **Geschwister**?", fragte Ingrid.

„Ja", sagte ich. „Zwei Brüder und eine Schwester."

„Wohnen sie auch in Deutschland?", fragte Ingrid.

„Nein", sagte ich. „Ein Bruder **lebt** in Rom, einer

in New York, und meine Schwester wohnt **bei meiner Mutter**. Sie ist **noch sehr jung**."

„Ich habe nur eine Schwester. **Sie studiert Philosophie** in Hamburg", sagte Ingrid. „Es ist schön, eine große **Familie** zu haben, **oder?**"

„Na ja", sagte ich. „**Hier** in Berlin **habe ich meine Ruhe**. In Sizilien **treffe** ich jeden Tag meine **Cousinen**, **Cousins**, Onkel und **Tanten**. **Sie fragen** immer, wann ich **heirate** und wann ich **beginne** zu arbeiten. Sie sagen, mein Bruder in New York **macht es richtig**. Er arbeitet den ganzen Tag und ist jetzt **reich**."

„**Was macht dein Bruder?**", fragte Ingrid.

„**Irgendwas mit** Geld", sagte ich. „Aber er arbeitet zu viel. Er **ist** immer **gestresst**."

Wir haben weiter Bier getrunken und **über das Leben gesprochen, bis** es ein Uhr morgens war.

„Okay, **ich muss gehen**", sagte Ingrid. „**Sonst verpasse** ich **meinen Bus** morgen!"

„Kann ich **deine Nummer** haben?", fragte ich.

„Ich habe **kein Handy**", sagte Ingrid.

„Was?", fragte ich.

„Ich **hasse** Handys", sagte Ingrid. „Aber du kannst meine **Email-Addresse** haben, **wenn du willst**."

Sie nahm einen **Stift** und einen **Zettel aus ihrer Handtasche, schrieb** etwas und gab mir den Zettel.

Dann **küsste** sie **mich auf die Wange**, sagte: „*Arrivederci!*" und **war verschwunden**.

~

auf **Norwegisch**: in Norwegian, **Untertiteln**: subtitles, **verstanden**: understood, **Der Film handelte von ...**: The film was about ..., **Maske**: mask, **überall**: everywhere, **getragen**: wore, **Büro**: office, **Supermarkt**: supermarket, **sogar**: even, **Bett**: bed, **symbolisiert**: symbolizes, **des Mannes**: of the man, **schwarz-weiß**: black-and-white, **Farben**: colors, **kaputt**: broken, **gelacht**: laughed, **Kunst**: art, **ziemlich**: quite, **passiert**: happens, **das war egal**: it didn't matter, **umarmt**: hugged, **ihren Kopf**: her head, **auf meine Schulter**: on my shoulder, **gelegt**: put, **Ende**: end, **Loch**: hole, **gefallen**: fallen, **Depression**: depression, **nach dem Film**: after the movie, **zusammen**: together, **am nächsten Morgen**: the next morning, **ihre Schwester**: her sister, **wie lange**: how long, **sie bleibt**: stays, **sie weiß es nicht**: she doesn't know, **Geschwister**: siblings, **er lebt**: he lives, **bei meiner Mutter**: at my mother's, **noch sehr jung**: still very young, **sie studiert**: she studies, **Philosophie**: philosophy, **Familie**: family, **oder?**: right?, **Na ja, ...**: Well, ..., **Hier habe ich meine Ruhe**: Here, I have my peace, **ich treffe**: meet, **Cousine**: cousin [female], **Cousin**: cousin [male], **Tanten**: aunts, **sie fragen**: they ask, **ich heirate**: I marry, **ich beginne**: I begin, **Er macht es richtig**: He does it right, **reich**: rich, **Was macht dein Bruder?**: What does your brother do?, **irgendwas mit**: something with, **ist gestresst**: is stressed, **wir haben weiter ...**: we continued to ..., **über das Leben gesprochen**: talked about life, **bis**: until, **ich muss gehen**: I have to go, **sonst**: otherwise, **ich verpasse**

meinen Bus: I miss my bus, **deine Nummer**: your number, **kein Handy**: no mobile phone, **ich hasse**: I hate, **Email-Addresse** : email address, **wenn du willst**: if you want, **Stift**: pen, **Zettel**: note, **aus ihrer Handtasche**: from her handbag, **schrieb**: wrote, **küsste mich**: kissed me, **auf die Wange**: on the cheek, **war verschwunden**: was gone

 Übung

1. Der Film war auf ...

a) Deutsch mit englischen Untertiteln.

b) Norwegisch mit deutschen Untertiteln.

c) Deutsch mit norwegischen Untertiteln.

2. Der Film handelte von ...

a) einem Mann mit einer Katze.

b) einer Frau mit einer Maske.

c) einem Mann mit einer Maske.

3. Wie viele Geschwister hat Dino?

a) drei Brüder und eine Schwester

b) zwei Brüder und eine Schwester

c) einen Bruder und zwei Schwestern

4. Ingrids Schwester ...

a) studiert Philosophie in Berlin.

b) studiert Film in Hamburg.

c) studiert Philosophie in Hamburg.

5. Wo wohnen Dinos Brüder?

a) in New York und auf Sizilien

b) auf Sizilien und in Berlin

c) in New York und in Rom

6. Ingrid küsst Dino ...

a) auf den Mund

b) auf die Wange

c) auf die Stirn

6. Im Prinzenbad

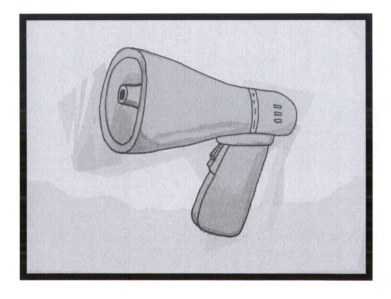

~

Es ist Ende August. Es regnet viel. Aber es ist **noch nicht** so kalt. Heute **scheint** die Sonne **ein bisschen**. Ted **hatte die Idee, schwimmen zu gehen**. Aber wo?

„**Strandbad** *Wannsee*", sagte Ted.

„**Wie kommen wir dorthin?**", fragte ich.

Ted **tippte** etwas **auf seinem Handy** und sagte: „Zuerst **nehmen** wir **den Bus** M29, dann die **S-Bahn** S1."

„**Was ist mit** dem **Badeschiff**?", fragte ich.

„Ist das ein **Hallenbad**?", fragte Chang.

„Nein", sagte ich. „Das ist ein **schwimmender** Pool in der *Spree*."

„Ein schwimmendes **Schwimmbad** im **Fluss**?", fragte Chang. „Verstehe ich nicht."

„**Man kann nicht direkt** in der Spree **baden**. Der Fluss ist **zu schmutzig**", sagte ich.

„Und das Badeschiff ist **verseucht** mit Hipstern", sagte Ted.

Chang sagte: „Oder **wir fahren an die Ostsee**."

Ted lachte. „**Bist du verrückt?**", fragte er.

„Warum?", fragte ich.

Ted tippte auf seinem Handy und sagte: „**Von hier bis zur Ostsee** sind es **mehr als** drei Stunden **Zugfahrt**."

„Oh, okay", sagte Chang.

Am Ende sind Ted, Chang und ich ins *Prinzenbad*

gegangen. Es ist ein **Freibad**, nur wenige Minuten entfernt.

Am Eingang stand ein Mann mit einem „**Sicherheit**" T-Shirt. Er hat **unsere Taschen durchsucht**.

„Was suchen Sie?", fragte Chang.

„Messer, Schlagstöcke, Pistolen?", sagte er. Wir schüttelten den Kopf.

Dann haben wir **Eintrittskarten** gekauft. Vier Euro **pro Person**.

Das Prinzenbad ist **ein interessanter Ort. Man hört** hier viel Arabisch, **Türkisch** und Deutsch. Hier **sieht man Mädchen** in Bikinis **neben** Frauen in „**Burkinis**". **Gruppen von** türkischen **Jugendlichen** spielen im **Baby-Becken**. Deutsche **Mütter schimpfen mit ihren Kindern**. Männer vom **Sicherheitsservice patrouillieren. Babys schreien. Es riecht nach Chlor** und **Pommes**.

Das Wasser hatte eine gute **Temperatur. Nicht zu warm, nicht zu kalt. Das Schwimmen** war schwierig. Die Kinder **springen** immer **von der Seite** ins Wasser. Der **Bademeister** ruft in sein Megaphon: „**Nicht vom Beckenrand springen!**" Aber **es interessiert die Kinder nicht.**

Nach dem Schwimmen haben wir Pommes gegessen. Rot-weiß, mit **Mayonnaise** und Ketchup. Dann waren wir **müde.**

„**Schön hier**", sagte Chang.

„Wannsee ist besser", sagte Ted.

„**Nächstes Mal**", sagte ich.

Dann hörten wir **ein Donnern.** Der **Himmel wurde schwarz.** Es begann zu regnen.

~

noch nicht: not yet, ein bisschen: a little bit, Er hatte die
Idee: he had the idea, schwimmen zu gehen: to go swimming,
Strandbad: lido, Wie kommen wir dorthin?: How do we get
there?, er tippte: he tapped, auf seinem Handy: on his mobile
phone, Wir nehmen den Bus: we take the bus, S-Bahn:
commuter train, Was ist mit ... ?: What about ... ?, Badeschiff:
bathing ship, Hallenbad: indoor swimming pool,
schwimmend: floating, Schwimmbad: swimming pool, Spree:
Spree (river in Berlin), im Fluss: in the river, verstehe ich
nicht: I don't get it, man kann: you can, nicht direkt: not
directly, zu schmutzig: too dirty, verseucht: polluted, Wir
fahren an die Ostsee: We go to the Baltic Sea, Bist du
verrückt?: Are you crazy?, von hier bis zur Ostsee: from here
to the Baltic Sea, mehr als: more than, Zugfahrt: train ride,
Freibad: open-air bath, am Eingang: at the entrance,
Sicherheit: security, unsere Taschen durchsucht: searched
our bags, Messer: knives, Schlagstöcke: truncheons, Pistolen:
pistols, Eintrittskarten: tickets, pro Person: per person, ein
interessanter Ort: an interesting place, man hört: you hear,
Türkisch: Turkish, hier sieht man: here you see, Mädchen:
girls, neben: next to, Burkinis: Burkinis, Gruppen von:
groups of, Jugendliche: teenagers, Baby-Becken: baby (area of
the) pool, Mütter: mothers, schimpfen mit ihren Kindern:
scold their children, Sicherheitsservice: security service,
patrouillieren: patrol, Babys schreien: Babies are crying, es
riecht nach: it reeks of, Chlor: chlorine, Pommes: french fries,

Temperatur: temperature, **nicht zu warm, nicht zu kalt**: not too hot, not too cold, **das Schwimmen**: the (act of) swimming, **sie springen**: they jump, **von der Seite**: from the side, **Bademeister**: lifeguard, **Nicht vom Beckenrand springen!**: Don't jump off the edge of the pool!, **Es interessiert die Kinder nicht**: It doesn't interest the children, **Mayonnaise**: mayonnaise, **müde**: tired, **schön hier**: nice here, **nächstes Mal**: next time, **ein Donnern**: a thunderclap, **Der Himmel wurde schwarz**: The sky became black

 # Übung

1. Was ist das Badeschiff?

a) ein Schwimmbad in der Spree

b) ein Schwimmbad an der Ostsee

c) ein Schwimmbad am Wannsee

2. Warum kann man nicht in der Spree baden?

a) Der Fluss ist zu kalt.

b) Der Fluss ist zu schmutzig.

c) Der Fluss ist zu warm.

3. Von Berlin bis zur Ostsee sind es ...

a) weniger als zwei Stunden Zugfahrt.

b) mehr als drei Stunden Zugfahrt.

c) mehr als sieben Stunden Zugfahrt.

4. Das Prinzenbad ist ...

a) ein Freibad.

b) ein Hallenbad.

c) ein Strandbad.

5. Was sucht der Sicherheitsservice?

a) Messer, Schlagstöcke, Wasserpistolen

b) Essen, Schlagstöcke, Pistolen

c) Messer, Schlagstöcke, Pistolen

6. Welche Sprachen hört Dino im Prinzenbad?

a) Arabisch, Spanisch, Deutsch

b) Arabisch, Türkisch, Deutsch

c) Armenisch, Türkisch, Deutsch

7. Was bedeutet Pommes „rot-weiß"?

a) Pommes mit Mayonnaise und Ketchup

b) Pommes mit Mayonnaise und Tomaten

c) Pommes mit Knoblauch und Ketchup

7. Ohne Moos nix los

~

Ich habe Ingrid eine Email **geschrieben**. Sie hat noch nicht **geantwortet**. Vielleicht kann ich sie in Hamburg **besuchen**. **Ich war noch nie in Hamburg**. Es ist eine schöne Stadt, habe ich **gehört**.

Ich checke meine Emails jeden Tag **ein paar Mal**. **Meistens** bekomme ich nur **Werbung** oder

Briefe von **nigerianischen „Prinzen"**, **welche mir**
eine Million Dollar **geben wollen.**

Heute habe ich eine Email **von meinem Bruder**
bekommen. **Seine Emails** sind immer sehr **kurz.**
„Hallo Dino. Wie geht es Dir? Hier ist der Code. **Lie-
be Grüße**, Alfredo"

Der Code ist **eine Art Passwort.** Ich kann **damit
zur Post gehen**, und sie geben mir **Geld.** Mein Bru-
der **schickt mir jeden Monat achthundert** Euro.

Es ist nicht viel, aber es ist besser als nichts. Es ist
gut, dass Alfredo mir hilft. Es gibt nicht viel Arbeit in
Berlin.

Jeden Tag kommen **mehr Menschen** aus **Spani-
en**, Amerika, England. Alle wollen in Berlin wohnen
und arbeiten. **Viele von ihnen** sind jung und arbei-
ten mit Computern. Sie **alle haben denselben
Traum.** Sie **träumen von** Start-ups und dem
großen Geld. Aber am Ende sitzen sie nur mit ihren
Laptops in Cafés und **posten** Party-Photos auf Face-
book.

Meine Mutter weiß nicht, dass Alfredo mir Geld

schickt. **Sie denkt**, ich arbeite **für eine Bank**. Mein Vater sagt immer, dass deutsche Banken **sehr stark** sind. Er ist sehr **stolz auf mich**.

Irgendwann werde ich auch **Arbeit suchen**. Aber zuerst muss ich Deutsch lernen. Denn ohne Deutsch kann man in Deutschland nichts machen. Ich kenne viele Amerikaner und Engländer, welche **seit vielen Jahren** in Berlin wohnen. Aber sie sprechen **die ganze Zeit** nur Englisch **mit ihren Freunden** und ihr Deutsch ist **miserabel**.

Heute bin ich zur Post gegangen. Ich habe **ein Formular ausgefüllt**, meinen **Pass gezeigt**, und dann habe ich mein Geld bekommen.

Das Leben in Berlin ist nicht so **teuer**. Ich **bezahle dreihundert** Euro im Monat für mein WG-Zimmer, zweihundert für **Essen und Trinken**, circa einhundert für die **Monatskarte** für Bus und **Bahn**. Es bleibt immer **noch genug** Geld für Partys und andere Dinge.

Alfredo sagt, **er will mir helfen**, bis ich einen Job gefunden habe. Niemand hat Alfredo geholfen, als er

neu in New York war. Er hat die ganze Zeit gearbeitet, zuerst als **Taxifahrer**, dann in einer Pizzeria, dann in einer Bank **und so weiter und so fort**.

Jetzt hat Alfredo sehr viel Geld, aber er hat nie Zeit. Ich habe sehr viel Zeit aber nicht viel Geld.

~

ohne Moos nix los: no mon(ey), no fun, **geschrieben**: written, **geantwortet**: answered, **besuchen**: to visit, **Ich war noch nie in Hamburg**: I've never been to Hamburg, **gehört**: heard, **Ich checke meine Emails**: I check my email, **ein paar Mal**: a few times, **meistens**: mostly, **Werbung**: advertisements, **Briefe**: letters, **nigerianische Prinzen**: Nigerian princes, **welche**: who, **wollen mir geben**: want to give me, **von meinem Bruder**: from my brother, **seine Emails**: his emails, **kurz**: short, **Liebe Grüße**: Best Wishes, **eine Art**: a kind of, **Passwort**: password, **damit**: with it, **zur Post gehen**: to go to the post, **Geld**: money, **er schickt mir**: he sends me, **jeden Monat** : every month, **achthundert**: eight hundred, **mehr Menschen**: more people, **Spanien**: Spain, **alle haben denselben Traum**: everybody has the same dream, **viele von ihnen**: many of them, **sie träumen von**: they dream of, **das große Geld**: (the) big money, **sie posten**: they post, **sie denkt**: she thinks, **für eine Bank**: for a bank, **sehr stark**: very strong, **stolz auf mich**: proud of me, **irgendwann**: eventually, **Ich werde Arbeit suchen**: I will look for work, **seit vielen Jahren**: since many years, **die ganze Zeit**: the whole time, **mit ihren Freunden**: with their friends, **miserabel**: dreadful, **ein Formular ausgefüllt**: filled out a form, **Pass**: passport, **gezeigt**: showed, **teuer**: expensive, **ich bezahle**: I pay, **dreihundert**: three hundred, **Essen und Trinken**: food and drink, **Monatskarte**: monthly pass, **Bahn**: train ride, **noch genug**: still enough, **Er will mir helfen**: He wants to help me, **neu**: new, **Taxifahrer**: taxi driver, **und so**

weiter und so fort: and so on and so forth

 # Übung

1. Dino hat Ingrid ...

a) eine SMS geschrieben.

b) eine Email geschrieben.

c) einen Brief geschrieben.

2. Dino bekommt Geld von ...

a) seinem Vater.

b) seinem Bruder.

c) seinem Onkel.

3. Dinos Mutter denkt, ...

a) er arbeitet in einer Bar.

b) er arbeitet in einer Bank.

c) er arbeitet in einem Start-up.

4. Bevor Dino sein Geld bekommt, ...

a) füllt er ein Formular aus und zeigt seinen Pass.

b) schreibt er einen Brief und zeigt seine Fotos.

c) füllt er ein Formular aus und zeigt seine Emails.

5. Wie viel zahlt Dino für sein WG-Zimmer?

a) dreihundert Euro monatlich

b) zweihundert Euro monatlich

c) fünfhundert Euro monatlich

8. Kohle, Ratten und Gespenster

~

Es ist jetzt **Herbst**. Das Wetter ist sehr schlecht. Der Himmel ist **grau**. Es ist kalt und regnet die ganze Zeit.

Unsere Wohnung ist sehr alt. Wir haben keine **Zentralheizung**. In unserem Wohnzimmer **steht** ein alter **Kachelofen**. Das ist **ein großer, brauner Klotz** in der Ecke des Zimmers. Chang sagt, der Ofen ist **mehr als** hundert Jahre alt. Gustavo hat **mir gezeigt, wie er funktioniert**.

Der Kachelofen hat eine kleine Tür. Zuerst **öffnet man** die Tür, dann **legt** man ein paar **Stücke Holz** und ein **Brikett hinein**. Mit einem **Feuerzeug** und ein bisschen Zeitungspapier **zündet** man das Holz **an**. Wenn das Holz **knistert**, legt man die **Kohle** hinein. **Nach einer Weile** wird es **schön warm**.

Wir haben eine **Tonne** Kohle bestellt. Die Kohle ist im **Keller**. Wir wohnen **im vierten Stock**. **Die meisten Häuser** in Berlin haben keinen **Aufzug**. Wenn wir Kohle **brauchen**, gehen wir in den Keller. Der Keller ist **dunkel** und schmutzig. Es gibt dort **Ratten**. (Chang sagt, es gibt dort **Gespenster** von Menschen, die im zweiten **Weltkrieg gestorben** sind.) Aber wenn es kalt ist, brauchen wir Kohle. Wir nehmen einen alten **Kartoffelsack**, gehen in den Keller, **füllen den Sack mit** Kohle und **tragen ihn** in den vierten Stock.

Der Sack ist sehr **schwer**. Wir tragen ihn **zu zweit. Außerdem** macht die Kohle viel **Dreck**. Das **Treppenhaus** hat **schwarze Spuren, wenn wir fertig sind**. Unsere **Nachbarn beschweren sich**. Aber **was sollen wir tun?** Der Winter kommt **bald**. Ich habe gehört, in Berlin gibt es manchmal 30 Grad Minus.

In den **Schlafzimmern** haben wir keine Kachelöfen. Dort haben wir eine **Gasheizung**. Es ist auch nicht sehr modern, aber es funktioniert. Die Gasheizung ist ein kleiner **Kasten unter dem Fenster**. Man muss **einen Knopf drücken**, und dann gibt es ein kleines **Feuer** in dem Kasten. Meine Mitbewohner sagen, **ich soll vorsichtig sein** mit der Gasheizung.

Ich habe gefragt, ob es **gefährlich** ist. „Nein", sagte Gustavo. „Ja", sagte Ted. „Es ist gefährlich, wenn wir die **Rechnung** bekommen."

„Ich verstehe nicht", sagte ich. „Ist Gas sehr teuer in Berlin?"

„Im Mai bekommen wir die Rechnung für den Winter". **Letztes Jahr mussten wir** 500 Euro **zah-**

len!"

„Wir bezahlen nicht jeden Monat?", fragte ich.

„Nein", sagte Ted. „In unserer Miete ist Heizung **enthalten**. Aber wenn wir die Heizung sehr viel benutzen, müssen wir im **Frühling extra bezahlen**."

„Kachelofen, Gasofen, Rechnungen, das ist alles sehr **kompliziert**", sagte ich.

„Willkommen in Berlin", sagte Ted.

~

Herbst: autumn, **grau**: gray, **Zentralheizung**: central heating, **steht**: stands, **Kachelofen**: masonry heater, **ein großer, brauner Klotz**: a big, brown block, **mehr als**: more than, **mir gezeigt**: shown me, **wie er funktioniert**: how it works, **man öffnet**: you open, **legt hinein**: puts inside, **Stücke**: pieces, **Holz**: wood, **Brikett**: briquet, **Feuerzeug**: lighter, **zündet an**: lights, **Zeitungspapier**: newsprint, **knistert**: crackles, **Kohle**: coal, **nach einer Weile**: after a while, **schön warm**: nice and warm, **Tonne**: ton, **Keller**: cellar, **im vierten Stock**: on the fourth floor, **die meisten Häuser**: most houses, **Aufzug**: elevator, **brauchen**: need, **dunkel**: dark, **Ratten**: rats, **Es gibt**: there are, **Gespenster**: ghosts, **Weltkrieg**: world war, **gestorben**: died, **Kartoffelsack**: potato sack, **wir füllen den Sack mit**: we fill the sack with, **wir tragen ihn**: we carry it, **schwer**: heavy, **zu zweit**: together (two people), **außerdem**: moreover, **Dreck**: dirt, **Treppenhaus**: stair case, **schwarze Spuren**: black traces, **wenn wir fertig sind**: when we are done, **Nachbarn**: neighbors, **sie beschweren sich**: they complain, **Was sollen wir tun?**: What should we do?, **bald**: soon, **Schlafzimmer**: bedroom, **Gasheizung**: gas heating, **Kasten**: box, **unter dem Fenster**: under the window, **einen Knopf drücken**: push a button, **Feuer**: fire, **Ich soll vorsichtig sein**: I should be careful, **gefährlich**: dangerous, **Rechnung**: bill, **letztes Jahr**: last year, **wir mussten**: we had to, **zahlen**: pay, **enthalten**: included, **Frühling**: spring, **extra bezahlen**: pay extra, **kompliziert**: complicated

 **Übung**

1. Wie ist das Wetter?

a) Es ist kalt und regnet.

b) Es ist kalt und schneit.

c) Es ist warm und regnet.

2. Was ist ein Kachelofen?

a) eine elektrische Heizung

b) eine Gasheizung

c) eine Kohleheizung

3. Man legt die Kohle in den Ofen, ...

a) wenn das Holz brennt.

b) wenn das Holz knistert.

c) wenn das Holz schwarz ist.

4. Warum tragen Dino und seine Mitbewohner die Kohle vom Keller bis in den vierten Stock?

a) Es gibt keinen Aufzug.

b) Es ist eine Art Sport.

c) Sie haben Angst vor Ratten.

5. Die Gasheizung ist gefährlich, ...

a) weil sie explodieren kann.

b) weil die Rechnung teuer sein kann.

c) weil sie sehr alt ist.

6. Wann bekommt die WG die Rechnung für den Winter?

a) im März

b) im April

c) im Mai

9. Die Dänische Dogge

~

In unserem Haus gibt es viele **Hunde**. Im ersten Stock wohnt ein **Schäferhund** und zwei Chihuahuas. Im zweiten Stock lebt ein Dobermann und ein **Windhund**. Im dritten Stock wohnen drei **Huskys**. Und ganz oben, im fünften Stock wohnt eine **Dänische Dogge** und ein **Rehpinscher**.

Bei uns im vierten Stock gibt es keine Hunde, aber unsere Nachbarn haben eine **dick**e schwarze **Katze**.

Heute Morgen beim Frühstück habe ich **gesehen**, dass die **Milch** leer ist.

„Wer hat die Milch leer gemacht?", fragte ich.

Chang **zuckte mit den Schultern**. Ted schüttelte den Kopf. Gustavo sagte nichts.

„Gustavo?", fragte ich.

„Okay, okay", sagte er. „**Ich war's.**"

„**Ab die Post!**", sagte ich.

Gustavo **verließ** die Wohnung.

Fünf Minuten später hörten wir ein **Geräusch**. Und dann stand **plötzlich** die Dänische Dogge vom fünften Stock in unserer Küche.

„Wo kommt der her?", fragte Ted.

„**Keine Ahnung**", sagte Chang. „Vielleicht hat Gustavo vergessen, **die Tür zu schließen.**"

„Und was machen wir jetzt?", fragte ich.

Wir bewegten uns nicht. Der Hund war **höher** als unser Küchentisch. Er hatte rote Augen. **Aus sei-**

71

nem **Maul tropfte Speichel** auf den Fußboden. Er bewegte seinen **riesig**en Kopf und ging zur **Spüle**.

Dann begann er, unsere **ungewaschenen Teller abzulecken**. Er **wedelte** mit dem **Schwanz**. Seine **Zunge** war so groß wie eine **Kinderhand**.

Ted lachte und sagte: „**Endlich** macht jemand unsere Teller sauber!"

Als der Hund mit dem Geschirr **fertig war**, kam er zum Küchentisch. Er **fraß ein halbes Kilo Käse**, zwanzig **Scheiben** Salami, eine **Plastikgabel** und meine **Serviette**.

Während der Hund den Tisch **abräumte**, bewegten wir uns nicht. **Wir hielten den Atem an.**

Plötzlich **rannte** der Hund aus der Küche ins Wohnzimmer. Wir standen auf und **folgten ihm vorsichtig. Aus sicherer Entfernung sahen wir, wie** der Hund ein paar alte **Socken** und Zeitungen fraß. Dann wedelte er und schnüffelte an unserem **Staubsauger** in der Ecke.

„Nein!", sagte Ted. „Nicht! Komm, **Hundi**, Hundi ..."

Aber es war **zu spät**. Die Dänische Dogge **rammte** den Staubsauger, **packte** den **Staubsaugerbeutel** und **schüttelte** ihn **wie verrückt**. Eine dunkle **Staubwolke** kam aus dem Beutel. Wir **husteten** und **schlossen die Augen**. Wenige Sekunden später war unser Wohnzimmer mit einer dicken **Staubschicht** bedeckt.

Da **klingelte es** an der Tür. Es war unser Nachbar vom fünften Stock. „Äh, sorry, habt ihr meinen Hund gesehen?", fragte er.

Ich wischte den Staub von meinem Gesicht, hustete und zeigte ins Wohnzimmer. Der Hund **lag** auf dem Sofa und **schlief**.

~

Hunde: dogs, Schäferhund: German shepherd, Windhund: greyhound, Huskys: huskies, Dänische Dogge: mastiff, Rehpinscher: miniature pinscher, bei uns: at our place, dicke: fat, Katze: cat, gesehen: seen, Milch: milk, Er zuckte mit den Schultern: He shrugged his shoulders, Ich war's: It was me, Ab die Post!: Get a move on!, verließ: left, Geräusch: sound, plötzlich: suddenly, Keine Ahnung: no clue, die Tür zu schließen: to close the door, Wir bewegten uns nicht: We didn't move, höher: taller, aus seinem Maul: from his mouth [animal], tropfte: dripped, Speichel: saliva, riesig: giant, Spüle: sink, ungewaschene Teller: unwashed plates, abzulecken: to lick off, wedelte: wagged, Schwanz: tail, Zunge: tongue, Kinderhand: child's hand, endlich: finally, als er fertig war: when he was finished, fraß: ate, ein halbes Kilo: half a kilo, Käse: cheese, Scheiben: slices, Plastikgabel: plastic fork, Serviette: napkin, während: while, abräumte: cleared, Wir hielten den Atem an: We held our breath, rannte: ran, folgten ihm: followed him, vorsichtig: carefully, aus sicherer Entfernung: from a safe distance, wir sahen, wie ...: we saw how ..., Socken: socks, Staubsauger: vacuum cleaner, Hundi: doggy, zu spät: too late, rammte: rammed, packte: clutched, Staubsaugerbeutel: vacuum cleaner bag, schüttelte: shook, wie verrückt: like mad, Staubwolke: dust cloud, husteten: coughed, Wir schlossen die Augen: We closed our eyes, dick: thick, Staubschicht: layer of dust, es klingelte: the bell rang, lag: lay, schlief: slept

 **Übung**

1. Wie viele Hunde wohnen im ersten Stock?

a) drei

b) zwei

c) einer

2. Warum verlässt Gustavo die Wohnung?

a) Er geht Brot kaufen.

b) Er geht Milch kaufen.

c) Er geht Käse kaufen.

3. Die Dänische Dogge ...

a) leckt die Teller ab.

b) leckt die Tassen ab.

c) leckt die Gläser ab.

4. Der Hund frisst ...

a) Käse, Salami, eine Gabel und eine Serviette.

b) Käse, Brot, eine Gabel und eine Serviette.

c) Käse, Salami, eine Gabel und eine Kartoffel.

5. Warum gibt es eine Staubwolke im Wohnzimmer?

a) Der Hund hat den Staubsaugerbeutel geschüttelt.

b) Der Hund hat den Staubsauger angeschaltet.

c) Der Hund hat den Staubsaugerbeutel gefressen.

10. Auf Wiedersehen, Berlin!

~

Der Winter ist hier. **Es schneit** den ganzen Tag. Alles ist weiß. Es ist sehr kalt. In drei Tagen fliege ich nach Sizilien zu meiner Familie. Ich vermisse das Meer, die Sonne, unser **Olivenöl** und den **Rotwein**.

Bald ist **Weihnachten**. Heute habe ich **Geschenke** gekauft. Mein kleiner Bruder bekommt eine DVD über die Berliner **Clubszene**, meinem großen Bruder aus New York gebe ich einen Berliner **Aschenbecher**. Für meine Schwester habe ich einen Berliner **Bären** gekauft. Mein Vater bekommt ein Buch über **die Mauer**. Für meine Mutter **wollte ich** ein paar deutsche **Cremes besorgen**.

Ich ging in eine **Drogerie** und nahm *Nivea* Creme und ein paar andere Sachen. Dann ging ich zur **Kasse**. Die **Schlange** war nicht sehr **lang**. Nur drei Leute. Vor mir stand eine Frau mit langen, blonden Haaren.

„Ingrid?", fragte ich.

Sie drehte sich um, und **tatsächlich**, es war Ingrid!

„Oh", sagte sie. „Hi!"

„Wie geht es dir?", fragte ich.

„Gut", sagte sie. „Und dir?"

„Okay. **Seit wann** bist du wieder in Berlin?", fragte ich.

„Ah, äh, seit gestern", sagte Ingrid.

„Hast du meine Emails bekommen?", fragte ich.

„Emails?", fragte Ingrid. „Nein."

„Vielleicht sind sie im Spam-Filter **hängengeblieben**", sagte ich.

„Vielleicht ... ja! **Das muss es sein**", sagte Ingrid. „Der Spam-Filter!"

„**Schön dich wiederzusehen**", sagte ich. „In drei Tagen fliege ich nach Sizilien zu meiner Familie. Vielleicht hast du **vorher Zeit für einen Kaffee**?", fragte ich.

„Oh", sagte Ingrid. „Ja! **Ich würde gerne** einen Kaffee mit dir trinken, aber ich fliege morgen nach Stockholm."

„Familie besuchen?", fragte ich.

Ingrid nickte.

Ich bezahlte meine Sachen und **wir gingen nach draußen**. Ein **eisig**er Wind **blies** über den Asphalt. Ich **zitterte** und sagte: „Mann, ist das kalt!"

„Wir sagen in Schweden, es gibt kein schlechtes Wetter, nur schlechte **Kleidung**", sagte Ingrid.

„Was machst du jetzt?", fragte ich.

„Äh ... ich ... äh", **stammelte** Ingrid.

„Geschenke kaufen?", fragte ich.

„Ja, genau! Geschenke kaufen", sagte Ingrid. „Für Weihnachten."

„Okay, **viel Glück**", sagte ich.

„Danke", sagte sie.

***

Ich sitze im **Flugzeug**. Wir **rollen** auf die **Startbahn**. **Während** das Flugzeug **abhebt**, denke ich zurück an die letzten paar Monate. Ich habe Menschen aus aller Welt **getroffen**. Ich habe gelernt, wie man einen Kachelofen benutzt, wo es den besten Döner zum besten Preis gibt, und vieles mehr.

Es war eine gute Zeit. Ich weiß nicht, ob ich nach meinem **Urlaub nach Berlin zurückkehren** werde. Ich habe die Sprache jetzt ein bisschen gelernt. Vielleicht gehe ich nach München? Aber das Leben dort ist sehr teuer, habe ich gehört. Leipzig ist sehr **trendig momentan**. Oder Köln, vielleicht? Die Menschen dort sind **freundlicher** als in Berlin, habe ich gehört, und es ist nicht so kalt. Auch in Österreich und der Schweiz spricht man Deutsch ...

Dieses Jahr ist **fast vorbei**. Und wie sagt man? „Neues Jahr, neues Glück."

Eins ist sicher. Wenn ich in Sizilien ankomme, werde ich **erst einmal** eine **richtige Pizza** essen.

~

es schneit: it snows, **Olivenöl**: olive oil, **Rotwein**: red wine, **Weihnachten**: Christmas, **Geschenke**: presents, **Clubszene**: club scene, **Aschenbecher**: ash tray, **Bär**: bear, **die (Berliner) Mauer**: the (Berlin) Wall, **ich wollte besorgen**: I wanted to get, **Creme**: cream, **Drogerie**: drug store, **Kasse**: cashier, **Schlange**: queue, **lang**: long, **Sie drehte sich um**: She turned around, **tatsächlich**: indeed, **seit wann**: since when, **hängengeblieben**: got stuck, **das muss es sein**: that must be it, **schön dich wiederzusehen**: nice seeing you again, **vorher**: before, **Zeit für einen Kaffee**: time for a coffee, **ich würde gerne**: I would like to, **Wir gingen nach draußen**: We went outside, **eisig**: icy, **blies**: blew, **zitterte**: shivered, **Kleidung**: clothing, **stammelte**: stammered, **Viel Glück**: Good luck, **Flugzeug**: airplane, **rollen**: roll, **Startbahn**: runway, **während es abhebt**: while it lifts off, **getroffen**: met, **Urlaub**: holiday, **nach Berlin zurückkehren**: return to Berlin, **trendig**: trendy, **momentan**: at the moment, **freundlicher**: more friendly, **fast vorbei**: almost over, **eins ist sicher**: one thing is for sure, **erst einmal** : first of all, **richtige Pizza**: real pizza

 **Übung**

1. Warum ist alles weiß?

a) Es schneit den ganzen Tag.

b) Es regnet den ganzen Tag.

c) Die Sonne scheint.

2. Dino hat für seine Familie ...

a) Formulare ausgefüllt.

b) Geschenke gekauft.

c) telefoniert.

3. Was wollte Dino in der Drogerie kaufen?

a) Cremes für seine Tante

b) Cremes für seine Mutter

c) Cremes für seine Schwester

4. Wen hat Dino an der Kasse getroffen?

a) Gustavo

b) Ted

c) Ingrid

5. Warum hat Ingrid keine Emails von Dino bekommen?

a) Ingrid hat sie gelöscht.

b) Sie sind im Spam-Filter hängengeblieben.

c) Dino hat sie nicht geschickt.

6. Wird Dino nach seinem Urlaub nach Berlin zurückkehren?

a) Ja

b) Er weiß es nicht.

c) Nein

7. Wenn Dino in Sizilien ankommt, will er zuerst ...

a) einen Rotwein trinken.

b) schwimmen gehen.

c) eine Pizza essen.

Answer Key / Lösungen

1. a, a, c, c, b
2. c, b, a, b, a, c
3. c, a, b, a, c, a
4. a, b, c, a, a
5. b, c, b, c, c, b
6. a, b, b, a, c, b, a
7. b, b, b, a, a
8. a, c, b, a, b, c
9. a, b, a, a, a
10. a, b, b, c, b, b, c

About the Author

 **André Klein** was born in Germany, has grown up and lived in many different places including Thailand, Sweden and Israel. He is the author of various short stories, picture books and non-fiction works in English and German.

Website: andreklein.net
Twitter: twitter.com/barrencode
Blog: learnoutlive.com/blog

Acknowledgements

Special thanks to Tim Beckstein, Ed Smith, Carolina Menezes, Vivian Farago, Dennis Thompson, Andrew Schur, Rosy Limbach, Eti Shani, Andrew Huff and Marilyn Robertson.

———

This book is an independent production. Did you find any typos or broken links? Send an email to the author at andre@learnoutlive.com and if your suggestion makes it into the next edition, your name will be mentioned here.

———

Get Free News & Updates

Go to the address below and sign up for free to receive irregular updates about new German related ebooks, free promotions and more:

www.learnoutlive.com/german-newsletter

We're also on Facebook and Twitter

Visit us at *facebook.com/LearnOutLiveGerman* or *twitter.com/_learn_german*

You Might Also Like ...

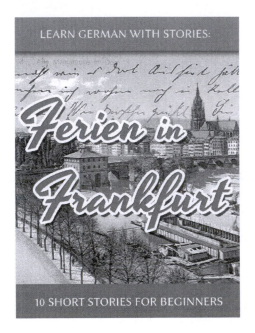

In this sequel to "Café in Berlin", Dino makes his way towards the central German metropolis of Frankfurt am Main, caught in between quaint cider-pubs, the international banking elite, old acquaintances and the eternal question what to do with his life.

available as paperback and ebook

GENOWRIN

AN INTERACTIVE ADVENTURE
FOR GERMAN LEARNERS

LEARNING GERMAN THROUGH STORYTELLING

This interactive adventure book for German learners puts you, the reader, at the heart of the action. Boost your grammar by engaging in sword fights, improve your conversation skills by interacting with interesting people and enhance your vocabulary while exploring forests and dungeons.

available as paperback and ebook

Fred Der Fisch

A picture book for the young and young at heart about an unusual friendship between two pets.

available as paperback and ebook

Bert Das Buch

Help Bert unravel the mystery of the book-threatening "reading machine". What does it want? Where does it come from? And will he be able to protect his leather-bound friends from its hungry jaws?

available as paperback and ebook

learnoutlive.com

Printed in Germany
by Amazon Distribution
GmbH, Leipzig